HOLa,
MiRÓ !!!

Traducció de Carlos Mayor
Disseny de la coberta: Swasky i Toni Cabré/Editorial
Gustavo Gili, SL

Printed in Spain
ISBN: 978-84-252-2970-1
Depòsit legal: B. 5325-2017
Impressió: agpograf impressors, Barcelona

Editorial Gustavo Gili, SL
Via Laietana, 47 2º, 08003 Barcelona, Espanya.
Tel. (+34) 93 3228161

HOLA, MIRÓ!!!

QUADERN DE VIATGE
D'UN URBAN SKETCHER

swasky

GG®

Aquest llibre és un quadern de viatge. Sembla irònic: l'excusa inicial era mostrar la Fundació Joan Miró, un sol lloc, un edifici, però els dibuixos em van dur molt més lluny i, llavors, el quadern de viatge es va fer realitat.

M'he mogut d'un lloc a l'altre físicament, però també he viatjat per la creativitat, la meva i la de Joan Miró. Avui, sembla que en l'ensenyament la capacitat d'inventar o crear està mal vista, no entra en els programes ni en els plans d'estudis, s'avalua la capacitat per respondre preguntes basades en coneixements memoritzats i en omplir forats. Les mestres i els mestres es debaten entre allò que els agradaria fer i allò que els demanen els plans d'estudis. Mantenir una actitud creativa no pot ser secundari ni accessori. L'ésser humà és inventiu i imaginatiu, però deixar que ho siguin els nens i les nenes és "arriscat", perquè una persona creativa cerca respostes i qüestiona allò establert. Joan Miró es va arriscar i va cercar nous camins, per veure i mostrar d'una manera diferent el que l'envoltava. Gràcies a aquest viatge per la creativitat de Miró he pogut experimentar com es va arribar a allunyar infinitament dels seus primers quadres, els que a mi més m'agraden. I tot això m'ha portat a llocs de la seva obra que desconeixia.

Joan Miró i jo coincidim en diversos punts: el primer és que tots dos vam néixer a Barcelona (a l'esquerra podeu veure el Passatge del Crèdit, on va néixer ell). El segon és que tots dos vam treballar en una drogueria, i crec que per a cap dels dos l'experiència no va ser massa satisfactòria. Finalment, tots dos toquem de peus a terra, mai no oblidem d'on venim.

Començo aquest viatge a Barcelona, a la Fundació Miró, però també passo per Chicago (Illinois), San Francisco, París, Pequín, Mont-roig i Almadén, per tornar a Barcelona. He visitat alguns d'aquests llocs físicament i a la resta hi he anat mitjançant els ulls i les paraules d'altres persones. Espero que gaudiu dels propers dibuixos i les properes línies tant com n'he gaudit jo.

Swasky 2017

Abans que la Rambla fos plena
de turistes, el Pla de l'Os era un
punt de trobada per als homes
sense feina que esperaven ser
contractats com a portadors al
mercat de la Boqueria. Aquesta
és la història que em va explicar
l'Eli quan li vaig ensenyar
aquest dibuix.
És curiós com es van definint
un quadern o l'estil d'un llibre.
Vaig començar dibuixant el
Passatge del Crèdit i es va quedar
a mitges. El blanc s'ha convertit
sense voler en una constant del
quadern.
El mosaic del Pla de l'Os dóna
la benvinguda a tots aquells qui
arriben per mar al port de la
ciutat.

L'aeroport és un altre indret on Miró va fer una obra per
donar la benvinguda als qui arriben a la ciutat de
Barcelona, en aquest cas per l'aire, i ho va fer amb un
mural a base de rajoles vidriades. Hi havia una altra
intervenció prevista per rebre aquells qui arribessin per terra,
a l'entrada a Barcelona per la Diagonal, però finalment no es
va fer i l'escultura que Miró havia projectat va acabar a
la ciutat de Chicago. Aquesta història, però, no termina
aquí: us l'acabaré d'explicar més endavant.

A aquesta tríada, cal afegir-hi un últim element:
la Fundació que va projectar l'arquitecte Josep
Lluís Sert. Per arribar-hi, segueixo sempre el
mateix camí: pujo des de Sants, passant per la
plaça d'Espanya, agafo les escales fins al
MNAC, després em trobo amb el Museu
Etnogràfic i llavors arribo a la Fundació.
Sempre en bicicleta.

Normalment, tothom va directament a l'entrada, però jo
prefereixo passar abans una estona al Jardí de les
Escultures, on es pot gaudir d'obres d'autors com ara Tom Carr,
Gabriel Sáenz Romero, Perejaume, Josep Maria Riera i Aragó,
Jaume Plensa, Ernest Altés, Cado Manrique i Sergi Aguilar.

Decideixo no entrar encara. Continuo obsessionat per veure les coses des d'una altra perspectiva, trencant dinàmiques, de manera que m'allunyo: vull veure la Fundació des d'un altre punt de vista i pujo a l'escalinata que hi ha just al davant. Els últims raigs de llum em donen temps de fer un dibuix ràpid. S'ha fet tard, demà hi tornaré.

Un nou dia. Gairebé sóc a dins. Començo dibuixant l'entrada i m'adono de les lletres que hi ha al llindar. Les he vist altres cops, però ara intento esbrinar què signifiquen i no aconsegueixo trobar les paraules. CEAC. Penso en els cursos a distància. No. Ni Miró, ni Joan, ni tampoc Fundació. Ho he de descobrir. Ho googleixo i em surten els cursos. Escric "CEAC Fundació Miró" i tornen a aparèixer els cursos, però també la resposta: Centre d'Estudis d'Art Contemporani.

Els visitants, abans d'entrar fan fotos.

Miró a la dreta...

... M'hi trobo un personatge. Cada vegada que vaig a la
Fundació, abans d'entrar, li dic "Hola!". Dóna la benvinguda a
tothom. Miró se'l coneix més per la seva obra pictòrica, per una
estètica molt clara, i les seves escultures no són tan conegudes.
Quan érem nens, vam visitar la Fundació Miró i les seves
pintures s'han aferrat al nostre imaginari, però les escultures
no les recordava.
Sintetitza, simplifica l'accessori i deixa l'essència. És ell?
Aconsegueix que cada cop que arribo me'l miri. Decideixo entrar i
dibuixar-lo des de dins.

Personatge, 1970

Miró en deia "Personatge", una denominació que va fer servir
en més d'una de les seves obres. D'alguna manera, és com si
treballés en la creació d'éssers que formen part d'una obra
de teatre. Miró ens presenta el seu univers.

Després de dibuixar el "Personatge", em giro i veig l'entrada. La gent passeja per davant meu, m'hi fixo, ja han acabat la visita, aprofiten i fan com jo: miren. Ens mirem.

Des d'aquí veig el garrofer, la xocolata dels pobres. No m'hi puc estar de pensar en els meus avis.

Mentre dibuixo, se m'acosta un senyor i em demana si
pot fer una foto dels meus dibuixos. Jo li demano si li puc
fer un retrat. És el primer retrat d'aquest quadern. D'alguna
manera, gràcies als astres, al destí o com en vulguen dir,
m'he trobat amb el Buzz, professor de dibuix, artista
i fotògraf.

Parlem sobre Miró i
sobre fotografia, coneix
Vivian Maier. També
parlem sobre Italo
Calvino i les ciutats invisibles.
Li explico que vull mostrar
l'obra de Miró a través
dels meus ulls i dels
d'aquells qui trobaré
durant les meves
visites. Ell és d'Illinois.
M'explica que està
fent un pelegrinatge
per veure l'obra
de Miró.

Buzz Spector

Sala
Joan
Prats

Dins d'unes vitrines trobo aquestes peces. Miró en deia "escultures d'objectes trobats". A cadascuna d'elles va ajuntar elements que, en principi, no tenien cap relació. Són els primers exercicis que fas quan estudies Belles Arts: desubicar.

Projecte per a un monument, 1954

Aquesta figura és potser la que em resulta més sorprenent, perquè em crida l'atenció la combinació dels motius pintats amb una base d'argila, una vareta i un penjador de paret. A això cal afegir el títol, que et descol·loca encara més: "Projecte per a un monument." Provo a imaginar-me les sensacions dels qui el van veure per primer cop. Tant de bo el pogués mirar amb els seus ulls. Avui estem totalment saturats d'imatges, som l'Homo videns, però, sortosament, fins ara res no ha pogut substituir l'experiència real.

És prou fàcil veure l'escultura de Miró com un procés d'unió de les peces d'un trencaclosques, i en un cert sentit ho és. Ell buscava la millor manera de col·locar cada part en el conjunt. En un llibre vaig poder veure com feia servir la fotografia per veure l'efecte d'una peça amb una altra; fins i tot dibuixava a sobre de les fotografies per comprovar-ho.

En pocs llocs es pot veure i entendre el procés de síntesi que va seguir Miró en la seva obra i especialment en el seu llenguatge pictòric. De fet, el quadre on l'artista fa aquest traspàs només es pot contemplar a la Fundació.

Es tracta del seu autoretrat,
que reflecteix clarament
aquesta evolució.
De la figuració va passar a
un simbolisme pictòric
extrem. Va començar a jugar
amb les línies i els colors,
amb les formes i els objectes.
Cal temps, ens hem
de donar temps,
freneu, freneu.

El Silvio està de pas a Barcelona. Ens hem trobat a la sala
4. Es considera un ciutadà del món. És argentí, viu a
San Francisco, està pensant en traslladar-se a Lisboa i ha
viscut al Brasil. Per a ell, el món és una petxina. Parlem una
bona estona sobre Miró. Les seves serigrafies, la seva extrema
senzillesa i la seva
aparent simplicitat
han captat l'atenció
del Silvio.

A més a més dels visitants habituals, com turistes, barcelonins, estudiants i jubilats o jo mateix, hi ha altres visitants que són d'una alçada més reduïda... Són els petits que veuen per primer cop l'obra de Miró i la miren, no cal dir-ho, sense tots els nostres filtres.

Què veieu aquí?

Oh, si no ho dius no la veiem

Un cavall!!!

Una formiga!!!

Quins colors hi ha?

Què més hi veieu?

Us agrada Miró?

Vermell!!!

GROC!

Una vegada vaig estar comentant amb Marina Gredranik que hi ha dos alfabets que semblen creats per dissenyadors gràfics: el japonès i l'hebreu. Ella és israeliana i l'ús de les lletres en la seva obra, estèticament, crea un conjunt agradable. Miró s'inspira en els "kakemonos" per iniciar una sèrie de quadres basats en la cal·ligrafia japonesa i la verticalitat. En un cert sentit, buida de significat una estètica per omplir-la amb el seu propi llenguatge.

La zona de pintura
i obra gràfica s'acaba.

Sóc al passadís que
connecta amb les
següents sales. M'assec.

Estela de
doble cara,
1956

La gent mira, fa fotografies, llegeix, escolta, actualitza el
seu perfil de Facebook, s'asseu, mira i torna a mirar.
Cascos a les orelles. Jo miro a l'esquerra i a la dreta, encara
em queda molt per dibuixar! Miro cap a la dreta i
torna a aparèixer el Miró escultor. Multidisciplinar.

Us explicaré la història de "lluna, sol i una estrella".
Recordeu l'escultura que havia de donar la benvinguda a l'entrada
de la Diagonal de Barcelona? Aquesta n'és una maqueta. Si jo fos
l'alcalde de la ciutat, demà mateix agafaria i faria la voluntat de
Miró. Malauradament, l'escultura final va acabar a Chicago.
La maqueta només es pot veure en aquest lloc, un pati

inaccessible, fora que s'hi celebri un acte. Així doncs, ens hem de conformar amb veure-la des de la distància, per una porta de vidre. D'aquesta manera podem experimentar la distància que sentia Sert des dels Estats Units, la llunyania per culpa del seu exili forçat a causa de la dictadura de Franco. Barcelona queda lluny.

Continuo pel passadís i de sobte s'obre una sala i em trobo amb el tapís de la Fundació. T'impressiona per la seva magnitud, pels seus colors, però un cop el comences a mirar amb deteniment és com si Miró hagués donat volum a les seves pintures.

A més, el fet de treballar amb fibres dóna una calidesa que amb la pintura és difícil d'aconseguir. Em sorprèn de quina manera Miró crea a cada obra una sensació nova. És difícil de descriure. Necessito seure i contemplar-lo. Extàtic.

Quan arribes a "La font de mercuri", d'Alexander Calder, te la trobes de sobte, dins una cambra hermètica. Et sents captivat per la textura del metall líquid, pel raig de mercuri que cau pel circuit i agita el mòbil. Aleshores t'adones que d'ell pengen un cercle vermell i unes lletres que conformen la paraula "Almadén".

Com em passa amb moltes altres coses, passo de mirar el mercuri a preguntar-me per Almadén. Llegeixo l'explicació que hi ha a la paret, però vull saber, en vull veure més. I per què un cercle vermell?

L'Olivia treballa a la Fundació com a vigilant de sala. Estudia Belles Arts i, igual que jo quan vaig començar, no té ni idea de què farà més endavant. Ja ho deia Baz Luhrmann en la seva cançó "Everybody is free":
"Don't feel guilty if you don't know what you want to do with your life. The most interesting people I know didn't know at 22 what they wanted to do with their lives, some of the most interesting 40-year-olds I know still don't".

Núria Sermonillato

Com a mi, li agrada la font. En veure el mercuri, recordo els termòmetres de quan era petit. Que inconscients que érem!

Salt en l'espai i en el temps *

"Faig aquest viatge per culpa d'una escultora que hi ha a Barcelona." El guia de les mines d'Almadén se sorprèn molt quan li ho dic. "Sí, una que és a la Fundació Miró." La coneix, però té algunes dades inexactes que jo li aclareixo encantat. A Almadén cal anar-hi expressament, no és un lloc de pas, no te'l trobes de camí a Toledo. A més a més, no és molt conegut. I per això m'agrada encara més, perquè quan vaig començar a llegir sobre aquest lloc no vaig dubtar que l'havia de venir a visitar. Dos mil anys extraient cinabri fan molta història.

Potser sigui una relació peregrina, però quan em vaig assabentar que el cinabri era el mineral del qual s'extreia el mercuri i que va ser el primer pigment vermelló que van fer servir els éssers humans per a les seves coves i per decorar els estris, tot va començar a encaixar: mercuri, punt vermell a la font, cinabri, vermelló, Miró i Mont-roig. Casualitat?

* Fa anys, a la televisió feien una sèrie que es deia "El salt", protagonitzada per Scott Bakula. Amb aquest llibre he pogut acomplir el meu somni de fer un salt en l'espai i en el temps com els que feia i'Scott.

He tornat

L'espai s'obre un altre cop, la sala mostra escultures i pintures. L'espai et guia. D'una banda hi ha la rampa i, a la dreta, al final de la sala, una escala du a l'Espai 13. De tant en tant, Sert visitava per sorpresa la Fundació. Si es trobava les lluernes tapades, demanava que les obrissin. Avui això ja no es pot fer: totes romanen tancades per garantir la conservació de les obres.

Vull
saber de
què es tracta ←

Gimnasta (?), 1977

Sert va concebre un edifici obert, lluminós. Des d'un mateix
indret puc dibuixar espais interiors i exteriors. Em fa
gràcia el joc que es crea de capes sobre capes, espais sobre
espais. llum i ombra.

Dona,
1978

Ses Majestats.
El rei, la reina
i el príncep.

Són el rei Joan Carles I
la reina Sofia i el seu
fill Felip? No ho sé, tal
vegada. O són els Reis
Màgs?

Baixo l'escala i em trobo amb l'Espai
13. Hi ha una exposició en què el
concepte general és el "loop" interminable.
La idea és interessant, però necessito
el manual d'instruccions. Quin
problema hi ha? Que sense manual
podem matar l'autor, com va dir
Roland Barthes. En semiòtica, el
concepte és el de "text obert", i Umberto
Eco el va aplicar al món de l'art.

Podem interpretar una obra d'art com ens vingui de gust? Jo crec que sí. Tanmateix, opino que l'autor ha de ser conscient d'això i l'espectador també. En general, no existeix un entrenament per a aquestes habilitats. Però ho seguiré intentant.

Aquestes escultures suposen el pas d'una matèria destructible a una altra, el bronze, que a més de ser més perdurable els confereix un rang de classicisme. Les escultures de bronze suposen un pas endavant. Aquest material els proporciona unitat. Passen de ser peces acoblades a ser una entitat en elles mateixes.

Pujo la rampa i m'aturo. Torno a mirar les escultures. Des d'aquí, la "Parella d'enamorats dels jocs de flors d'ametller" em sembla molt més interessant. Les peces definitives són a París, a la zona de La Défense.

Lloc de
trànsit i
espai de
relaxació.

Per aquesta direcció
s'arriba al terrat,
on trobem més
escultures.

A la paret es veu
el mapa mental de Miró, generador de
molts conceptes, com ara: antipintura, anonimat, silenci,
contemplació, violència, primitiu, evasió, "au-delà de la
peinture", identitat, detallisme o treball col·lectiu. Cada
cop s'obren més portes, les he de creuar.
A l'extrem esquerre del mapa mental apareix Mont-roig.
Hi he d'anar.

Un altre salt en l'espai i en el temps.

Anar fins a Mont-roig ha esdevingut des de l'inici d'aquest quadern una obligació. És un lloc mític. Amb aquesta visita s'entén millor Miró. D'alguna manera és un pelegrinatge. Si véns fins aquí és perquè vols venir. Em dirigeixo a l'oficina de turisme. Vull visitar tres indrets: el poble, l'ermita de la Roca i el Mas Miró. Amb el mapa a la mà, començo el meu camí i vaig visitant llocs des dels quals ell va pintar. Aparentment, el poble ha canviat poc. Ara hi ha càmeres de vigilància, però en essència continua sent el Mont-roig de Miró.

Seguint el meu recorregut, arribo a la muntanya de la Mare de Déu de la Roca. Un altre lloc que cal trobar. Un cop allà, el vermell es torna a fer present i t'adones com tot el que allà l'envoltava va influir en Miró. El roig t'impacta i contrasta amb el blau del cel. Em situo, busco l'ombra i començo a dibuixar.

Mas Miró ha canviat poc des de l'últim cop que l'artista el va visitar. Hi ha alguna modificació en l'estructura, però és poca cosa. Em poso al lloc des d'on va pintar el quadre "La masia". Fa calor i em protegeixo. Miró treballava pels matins; es llevava d'hora, i treballava fins al migdia. Després de dinar feia una migdiada. Ja a la tarda anava amb la família a la platja. Allà recollia tot el que es trobava. En tornar, contestava el correu. Sopava i se n'anava a dormir. Tenia temps, el més preuat en aquest món.

Estic de tornada.

Avui és la Festa
dels Amics de la
Fundació, estan
amb els preparatius.

Els arbres que et vas
trobant quan passeges per
l'edifici no són
elements decoratius.

tots ells ens tornen
a vincular amb Mont-roig,
com aquesta olivera.

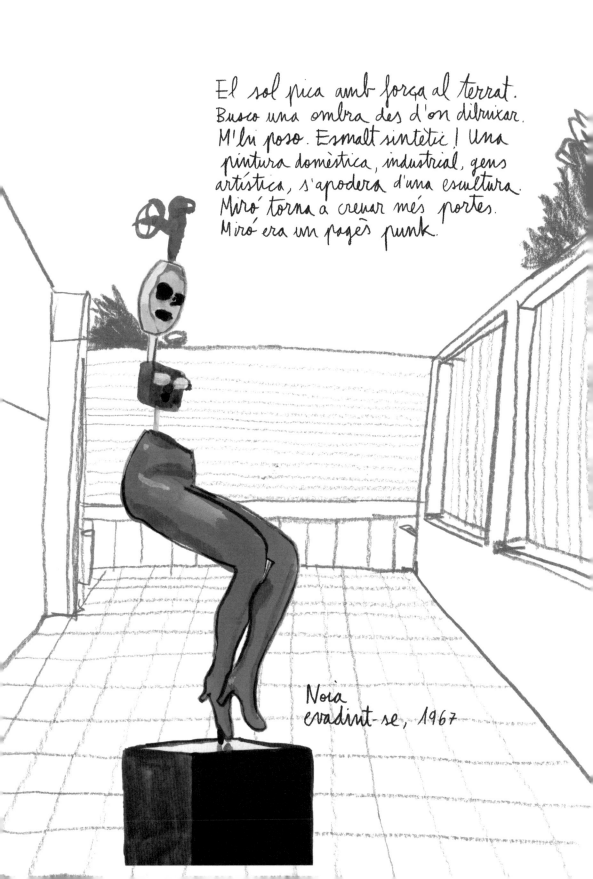

El sol pica amb força al terrat.
Busco una ombra des d'on dibuixar.
M'hi poso. Esmalt sintètic! Una
pintura domèstica, industrial, gens
artística, s'apodera d'una escultura.
Miró torna a crear més portes.
Miró era un pagès punk.

Noia
evadint-se, 1967

No ho puc evitar,
em recorda el
protagonista de
"Malson abans de
Nadal", el Jack.

Personatge, 1967

Mentre dibuixo, un visitant explica al seu acompanyant el simbolisme d'aquesta escultura. En moments com aquest, relaciones símbols i t'adones que som llenguatge. Tot comença a ser més fàcil, però al mateix temps, tot es complica més.

Sobre aquestes dues cadires, Miró va dir que les havia trobat i les havia fet fondre en bronze. Després hi va afegir l'ou i hi va gravar una cosa: "Són dos personatges que havien d'estar junts."

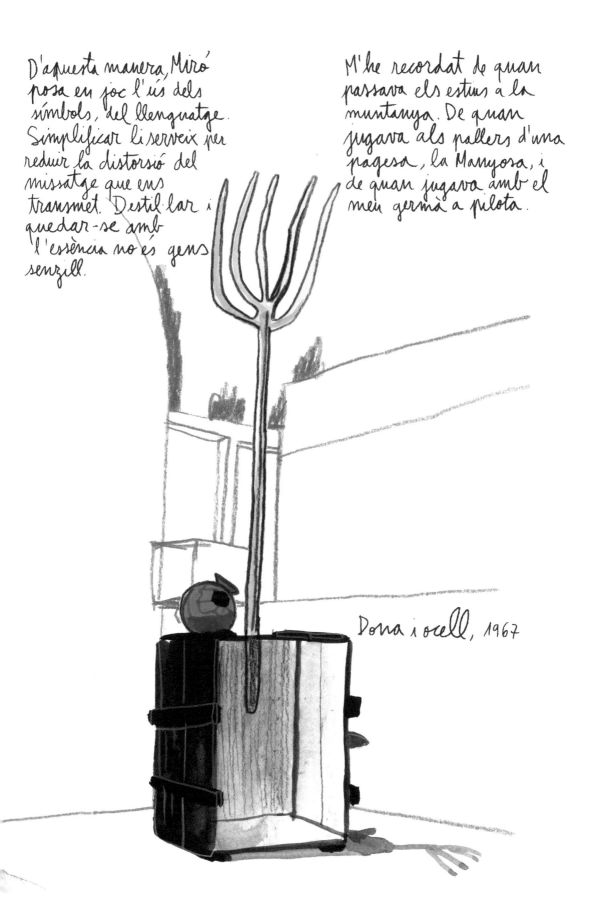

D'aquesta manera, Miró posa en joc l'ús dels símbols, del llenguatge. Simplificar li serveix per reduir la distorsió del missatge que ens transmet. Destil·lar i quedar-se amb l'essència no és gens senzill.

M'he recordat de quan passava els estius a la muntanya. De quan jugava als pallers d'una pagesa, la Manyosa, i de quan jugava amb el meu germà a pilota.

Dona i ocell, 1967

Torno a entrar i em trobo aquesta escultura enorme,
executada en marbre de Carrara. És aclaparadora. Si li dónes
la volta, la pots veure des de diferents punts de vista, i
des de cadascun d'ells canvien la forma i la lectura que
pots fer de l'"Ocell Solar".

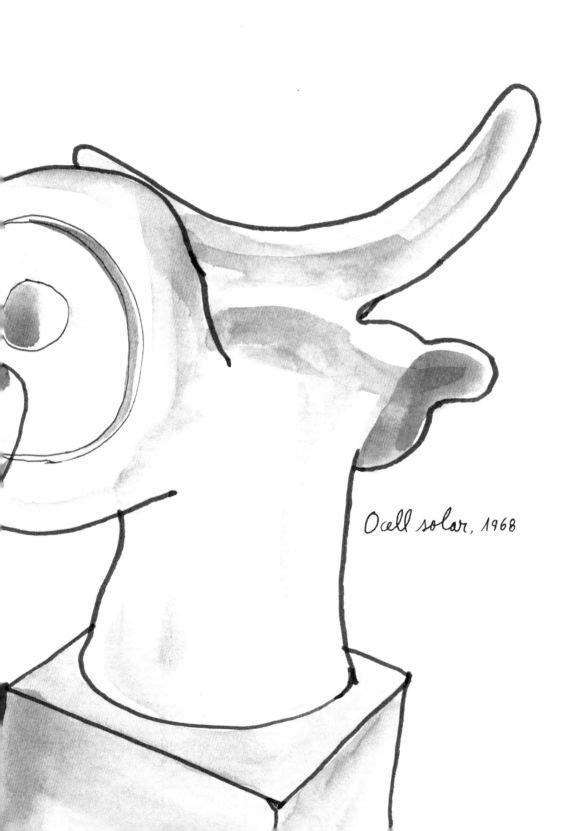

Ocell solar, 1968

Una mica més endavant,
hi ha una escala que condueix a la
planta de dalt, on es troba la biblioteca.
És un bon lloc per buscar més informació
sobre Miró, però també un espai per
gaudir. Trio un punt de vista per dibuixar, tot
és en silenci. El bibliotecari em mira i el
dibuixo. Aquí es pot comprovar que la llum
funciona tal i com hauria pensat Sert
per il·luminar les sales.

Surto a l'exterior i hi trobo un cel blau d'estiu.
M'assec a una banda. Aixeco el cap i veig la torre
octogonal, que no existia en els primers esbossos de
Sert. Al seu voltant s'han formulat diverses teories:
que si té un disseny inspirat en les torres gòtiques o
medievals, o que és un element arquitectònic amb
influència de l'època que Sert va viure als Estats Units...
En tot cas, la torre hi és per a les gavines i el pati
convida a gaudir d'un moment de descans assegut a
les cadires del bar prenent alguna cosa.

M'acosto al Gianni i a la Louise, que són del Regne Unit, i em presento. Els demano si els puc retratar, a més de parlar sobre Miró. El Gianni ja coneixia la seva obra i li encanta el seu atreviment. Per a ell, la seva figura és comparable a la de Gaudí, per anar per endavant en molts aspectes. El Gianni és fill d'italians i nascut a Anglaterra, i aquest caràcter transgressor li crida l'atenció. Ells dos viuen a Brighton i m'expliquen que s'assembla molt a Barcelona: totes dues ciutats estan obertes al mar, a la cultura, i sempre mirant més enllà. Aquests dies són complicats per a ells, després que al seu país s'hagi fet un referèndum per decidir si es mantenien dins la Unió Europea o en sortien. Ha guanyat anar-se'n, ha guanyat el Brexit, i ells s'estimaven més quedar-s'hi.

Gianni Quaglieri
6 July 2016

els beneficis eren més grans. No els resulta fàcil assumir allò que ha passat, a mi també em costa. Per a la Louise és la primera visita a la Fundació Miró i li ha encantat, tot i que ja havia visitat la ciutat de Barcelona. Coneixia l'obra de Miró, però ara ha pogut veure algunes obres i aspectes que abans desconeixia.

Louise Simmons

M'apropo a una altra parella. Estan escrivint postals per enviar a amics i familiars. La Isabel i el Vincent són de París; ell és informàtic i ella, formadora en una empresa. Els explico el que estic fent. Els demano que m'expliquin la seva experiència veient l'obra de Miró. És el primer cop que vénen a Barcelona.

Vincent es queda amb la primera època de Miró, la figurativa, li agrada la seva llum. Jo li explico que a mi també m'encanta, però que ara entenc millor la seva evolució.

Li ensenyo els meus dibuixos d'Almadén i de Mont-roig

Vincent

CONFUSION & NOISE

A la Isabel li ha interessat molt l'època en què Miró va trencar i va cremar les teles. Parlem de la dificultat d'entendre segons quines obres d'art i que es necessita molta informació per comprendre el que, de vegades, molts artistes volen transmetre.

S'acaba el dia. Em queda temps
per dibuixar una escultura més de
Miró que no és a la Fundació,
però abans vull fer l'ametller
de l'entrada i l'escultura de Calder
"4 ales".

A l'hivern, el meu avi es dedicava a picar ametlles. Era una de les seves tasques mentre no es podia treballar al camp, durant l'època de més fred.

L'últim salt en l'espai i el temps.

Cada cop que pujo a la Fundació, des de Sants, passo per davant de "Dona i ocell". El millor moment per dibuixar-la és a la tarda, quan la llum la il·lumina lateralment. Busco un bon lloc. Estan fent obres al Parc de l'Escorxador, però el contrast entre les màquines i l'escultura m'encanta.

No me'n vull anar sense acomiadar-me de l'arbre favorit de Joan Miró. Ara és el moment de continuar el camí, i amb una garrofa a la butxaca, com feia ell. Sense oblidar d'on venim, cal seguir cap endavant amb els peus descalços tocant la terra.

"Porten una corona d'ulls a sobre del cap."

És el que els deia Francesc Galí, un dels primers mestres de Joan Miró, a tots els seus alumnes. Havien de tenir els ulls ben oberts.

Gràcies !!!
Eli i Aitana.

Mònica Gili, Mélanie Menard,
Maru Godàs, Santi Sallés, Anna
Noëlle, Mercè Sabartés, Olivia,
Silvio, Buzz, gianni, Louise,
Vincent, Isabel, Zhang, Fundació
Miró, Almadén, Mont-roig,
Helena Juncosa,...